CATALOGUE

DES

TABLEAUX

ANCIENS ET MODERNES 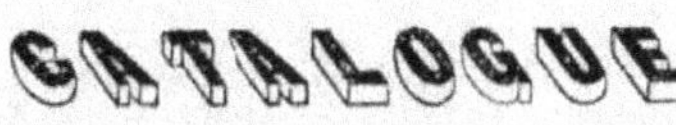

Meubles anciens, sculptés et marquetés, Bronzes, Statuettes, Ivoires, Objets d'arts et de curiosité, armes anciennes, etc.

DE FEU

M. ANTOINE BAUDE, ANTIQUAIRE

M. BOYER, COMMISSAIRE-PRISEUR

M. TASSY, Peintre-Expert, Rue de la Darce, 19.

MARSEILLE

IMPRIMERIE SENÉS, RUE CANEBIÈRE, 15.

1854

CATALOGUE
DES TABLEAUX
ANCIENS ET MODERNES

MEUBLES ANCIENS SCULPTÉS ET MARQUETÉS,
BRONZES, STATUETTES, IVOIRES, OBJETS D'ART ET DE CURIOSITÉ,
ARMES ANCIENNES, ETC., ETC.

de la collection

De feu M. Antoine BAUDE, antiquaire.

DONT LA VENTE AURA LIEU A MARSEILLE

AUX ENCHÈRES PUBLIQUES ET VOLONTAIRES

Dans son Magasin, rue Grignan, 21.

Le 4 Janvier 1855, à 10 heures du matin,
ET JOURS SUIVANTS

PAR LE MINISTÈRE DE Me BOYER, COMMISSAIRE-PRISEUR,

ASSISTÉ

DE M. TASSY, PEINTRE-EXPERT,

Rue de la Darce, 19.

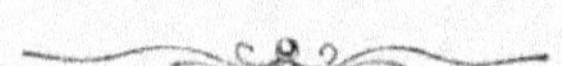

EXPOSITION PUBLIQUE
Le Mardi, 2 et le Mercredi 3 Janvier 1855.

N. B. — Pour les Commissions d'Achat et la Distribution des Catalogues, écrire franco
à l'Expert chargé de la Vente

MARSEILLE
IMPRIMERIE SENÉS, RUE CANEBIÈRE, 15.

1854

Ce Catalogue se trouve :

Marseille........ TASSY, Peintre-Expert.

Aix .... AUBIN, Libraire.

Nimes .... PERROT, Antiquaire

Montpellier...... ROGER.

Toulouse .... MEISSONNIER.

Avignon.......... REYNE.

Toulon........... CLAVEL, Papetier.

AVANT-PROPOS.

Nous n'aurons pas besoin de nous étendre longuement sur les mérites du collectionneur qui est parvenu à réunir une telle quantité de tableaux et d'objets d'antiquité que nous n'avons pu citer dans notre catalogue que les plus importants. Forcés de les détailler ou d'en faire une analyse quelconque le temps nous eut manqué certainement et le format du catalogue eut pris des proportions beaucoup trop prétentieuses.

Quant à son goût naturel pour les arts à quoi bon en parler ? Serait-ce pour nous conformer à l'usage ? Mais qui n'a connu l'antiquaire Baude, ses originalités, ses voyages incessants dans les plus petites localités de l'ancienne Provence, ses trouvailles miraculeuses, là où d'autres furetaient en vain ? Qui ne sait que sa réputation d'acheteur intrépide était si bien établie dans toutes les classes de la société qu'on lui apportait de toutes parts tout ce qui avait la moindre apparence d'être un objet d'art ou de curiosité et même quelques fois des objets auxquels il eut été, certes, difficile d'assigner un nom, ou d'en faire un emploi quelconque quand on les posséderait ? Ceci ne rebutait point notre bon antiquaire qui assurait que tôt ou tard chaque chose trouvait sa place.

Il est arrivé par fois que des chercheurs, entrés dans son magasin, où, certes, il n'étalait pas ses plus belles choses, sortaient de chez lui avec cette conviction qu'il n'y avait pas là grand chose de bon, tranchons le mot, qu'il n'y avait rien du tout. Erreur profonde ! ces amateurs avaient été toisés par le vieillard comme profanes et les joies du vrai collectionneur leur avaient été refusées : Usez vos yeux, avait-il l'habitude de se dire, à contempler ces croûtes, à votre langage et à vos observations je découvrirai bien si vous êtes digne de voir autre chose ; par malheur, à son point de vue, il trouvait beaucoup de profanes.

L'élu au contraire, qui avait obtenu les bonnes grâces de l'antiquaire, était averti, dès en entrant, par un clignement d'œil, qu'il y avait du nouveau, et, conduit mystérieusement dans les cryptes reculées du magasin, il lui était exibé des profondeurs ventrues d'une vieille commode ou de quelque caisse antique, recouverte en chagrin vermoulu, un véritable tableau de maître, une œuvre de prix ou bien quelque objet d'art, rare ou précieux par le travail et souvent par la matière.

Tel était l'homme, et certes, personne ne peut nier

les prix élevés qu'on lui a vu maintes fois refuser.

Enfin, pour nous résumer, nous dirons à MM. les amateurs qu'ils trouveront chacun quelque chose à leur goût, aux personnes pieuses, une grande quantité de tableaux de dévotion et aux curieux mille objets qui les tenteront.

Joseph TASSY.

DÉSIGNATION

DES TABLEAUX.

1. Ecole Espagnole. Sainte Agathe et Saint Jacques assistent un pécheur qui adresse des vœux au Seigneur.

2. Ecole Italienne. Ste Cécile accompagnée d'anges.

3. Tableau allégorique. Les attributs de la Folie humaine et de la Mort.

4. Murillo (école de). La Nativité: ce tableau rappèle le stile des Mendiants de ce maître.

5. Ecole Romaine (ancienne). Sainte Famille sur panneau épais.

6. Fyt (école de). Nature morte: gibiers, lièvres, perdrix, etc., composition bien traitée.

7. Maria del Fiore. Très beau tableau de fleurs.

8. Dupré, Georges, de Lyon. Une odalisque.

9· Finshonius (attribué à). La Magdeleine mourante.

10. Ecole Italienne. Saint Jean-Baptiste offre un agneau au divin enfant.

11. Casanove (attribué à). Corps d'armée arrivant sur le théâtre du combat.

12. Philippe de Champagne (d'après). Le Christ au tombeau.

13. Valenciennes, P. H. (école de). Riant Paysage d'Italie : jolies figurines, temples, villa, etc.

14. Bourguignon (école de). Combat.

15. Perrino del Vaga (école de). Sainte Famille.

16. Greuze (école de). Une mère donnant à manger à son enfant.

17. Ecole Italienne. Paysage.

18. Architecture ; figures dans le style de Janssens.

19. Ecole Flamande. Fumeurs et buveurs.

20. Pendant du précédent.

21. Le Chevalier Mathias, (dit le Calabrèse). Tête de philosophe, cette belle tête est traitée avec toute la fierté du pinceau de ce maître.

22. Guido Reni (d'après). Vierge.

23. Watteau (d'après). Groupe de personnages rassemblés dans un riant paysage.

24. Rubens P. P. (d'après). L'adoration des Bergers

25. Bassan. Scène d'intérieur: fileuses, brodeuses, effets de lumière.

26. Plafond. Exaltation de la Vierge.

27. Sainte Rose et le Divin Sauveur ; belle et grande composition.

28. Ecole Italienne. Bethsabée et le roi David.

29.　　　　id.　　　　Tableau allégorique.

30. La Chasse au Cerf.　　｝ Fesant pendants.
31. Chien gardant du gibier.｝

32. FINSHONIUS (d'après). La Magdeleine expirante.

33. La Chasse au Cerf.

34. Tableau allégorique de l'ambition humaine.

35. VALENCIENNES (Ecole de). Grand et frais Paysage orné d'un grand nombre de figures.

36. Corps d'armée arrivant sur le théâtre du combat.

37. HONDEKOETER, M. de, (école de). Poules, coqs, lapins.

38. Combat de Cavalerie.

39. Portraits d'Enfants.

40. BATONI (Pompéo). Sainte Famille : très belle composition, pinceau flou et moëlleux, sentiment exquis d'expression.

41. RAPHAEL, Sanzio, (d'après). La Vierge, Saint-Jean-Baptiste et l'enfant Jésus.

42. ECOLE ITALIENNE. Tableau allégorique.

43. Combat de Cavalerie.

44. ECOLE ITALIENNE. Loth et ses filles ; grande composition.

45. BOUCHER (école de). Dix Grisailles sur grands panneaux en décoration pour appartement.

46. Erruption de l'Etna.

47. La Vierge et l'enfant Jésus.

48. OUDRY J. B. (attribué à). Chien gardant des pièces de gibier.

49. ECOLE ITALIENNE. La Vierge, l'enfant Jésus et Saint Jean-Baptiste.

50. Sainte Rose et l'enfant Jésus.

51. CARRACHE (école de). L'Adoration des Bergers.

52. ECOLE ITALIENNE. Le Sommeil de l'enfant Jésus.

53. WATTEAU (école de). Portrait d'une jeune dame.

54. POUSSIN N. (d'après). Le Sacrement du mariage.

55. ECOLE ALLEMANDE. La Résurection.

56. BASSAN (école de). Les Brodeuses et fileuses.

57. Cavalier MATHIAS (école du). Belle Tête d'expression.

58. CASTIGLIONE, GIOV. BENEDETTO (école de). Sujet biblique.

59. Ecce hommo.

60. VALENTIN (école de). Joueuse de tambour de basque.

61. ECOLE ITALIENNE. Diane au bain.

62. MURILLO (école de) Saint Antoine de Padoue baise la main du Divin Enfant.

63. TENIERS (d'après). Le Remouleur.

64. SARTO, André del (école de) La Vierge, l'enfant Jésus, Saint Jean-Baptiste.

65. Corps d'armée arrivant sur l'emplacement d'un camp.

66. Sujet mythologique.

67. Combat de Cavalerie.

68. Emplacement d'un camp.

69. FLOTTE. Tempête, naufrage

70. RUBENS (école de). Paysage avec figures et animaux.

71. VALENTIN (école de). Concert.

72. ECOLE ESPAGNOLE. Repas dans une cuisine, chanteurs et buveurs ; peinture originale.

73. Saint Joseph ; belle et grande composition.

74. GUIDE (école du). 4 sujets mythologiques.

75. ECOLE ESPAGNOLE. Les 4 Evangélistes.

76. Le Christ sur la croix.

77. La Vierge et l'enfant Jésus.

78. BOURGUIGNON. Bataille : excellent tableau de ce maître, plein de verve et d'énergie.

79. BOURGUIGNON. Pendant du précédent.

80. La Salutation Angélique.

81. Effet de lumière et de clair de lune.

82. ECOLE ITALIENNE. Un Génie.

83. DUPRÉ. Un Philosophe.

84. MICHEL-ANGE (d'après). Sainte Famille.

85. LAAR (école de Pierre de). Paysage, cavalier.

86. Un marchand d'Orviétan.

87. ANCIENNE ECOLE ITALIENNE. L'Adoration des Bergers.

88. Petit portrait d'homme.

89. SALVATOR ROSA (école de). Paysage.

90. Les Anges apportant des fruits à la Sainte Famille dans le désert.

91. OSTADE (d'après). Le Joueur de viole.

92. CLAUDE LORRAIN (école de). Paysage.

93. VALENTIN (école de). Les joueurs de cartes.

94. Un Bal masqué.   )
95. Scène de Carnaval. } Pendants.

96. Joli paysage ; Clair de lune.

97. JEAN-LE-DUC (école de). Intérieur de Corps-de-garde.

98 et 99. Sujets de fête fesant pendants.

100. Petit paysage avec figurines flamandes.

101. GREUZE (école de) Femme donnant à manger à son enfant.

102. ROSA DE TIVOLI. Berger, moutons.

103. AIGUIER. Marine, soleil couchant.

104. Adoration des Bergers.

105. Bergers, animaux.

106. Un Saint Evêque.

107. WOUWERMANS (d'après). Pochade.

108.   Idem.   (école de). Paysage.

109. Marine : belle étude de rochers.

110. VAN DER NÉER (école de). Marine et clair de lune.

111. Ruines d'un monastère, clair de lune.

112. Les ames du Purgatoire : tableau très fin.

113. Adoration de l'enfant Jésus.

114. Sainte Vierge.

115. Sainte Famille.

116. Etude de têtes d'anges.

117. Femmes se baignant : paysage.

118. DUPRÉ. Tête d'étude.

119. Le Christ au tombeau.

120. Portrait du peintre Vernet.

121. Dupré. Tête d'étude.

122. Jurami (Mlle). Intérieur de cour.

123. Le Christ au calvaire.

124. Paysage : effet de neige.

125. De Molin. Paysage.

126. Marine : jolies figurines.

127. Le Christ sur la croix.

128. Même sujet.

129. Sujet pris sur les fresques d'Herculanum.

130. Sainte Vierge.

131. Les quatre saisons.

132. Chasse au Sanglier.

133. Sujet grotesque.

134. Wouwermans, Ph. (école de). Paysage.

135. Portrait d'un prince indien.

136. Ecole Flamande ancienne. Combat de Cavalerie (tableau curieux).

137. Le Mariage.

138. Paul Bril et Van-Kessel. Le triomphe de Flore et Pomone ; très belle composition ornée d'une multitude de détails traités finement et d'un brillant coloris.

139. Lucrèce.

140. Vase de fleurs : tableau peint en décors.

141. La Vierge et l'Enfant Jésus.

142. Karel Dujardin (école de). Les Bateleurs.

143. Chardin (école de). La Marchande de poissons.

144. Teniers (d'après). Scène Flamande.

145. Teniers (d'après). Un Fumeur.

146. Aiguier. Incendie du *Nouveau Tambour* dans le port de Marseille ; composition importante.

147. Janssens, surnommé le danseur (Ecole de). 2 jolis sujets galants.

148. Pendant du précédent.

149. Sujet de Bergeries, en décors.

150. Sainte Catherine.

151. Saint François d'Assises.

152. Murillo (école de). L'Ascension de la Vierge.

153. L'Adoration des Rois.

154. La Nativité.

155. Tête d'Enfant.

156. id.

157. Ven der Néer (école de). Marine, clair de lune.

158. Pigeons dans le nid.

159. Bohémiens campés.

160. Fragonard (d'après). La Fille mal gardée.

161. Clérian. Un Moine sur un tombeau.

162. Champagne Ph. de (d'après). Le Christ au tombeau.

163. Pigeons dans le nid.

164. Paysage ; bergers, animaux.

165. Lions dans une caverne.

166. Raphael (d'après). La Sainte Vierge, Sainte Anne, l'Enfant Jésus et Saint Jean-Baptiste.

167. Girodet (attribué à). Actéon et Diane ; paysage.

168. GUIDE (École du). La Magdeleine.

169. La Salutation Angélique ; tableau très fin.

170. Paysage, Troupeaux.

171. Petite Marine.

172. Paysage sur Agate.

173. LE POUILLEUX. Sujet Flamand.

174. FONTAINIEUX. Petit Paysage.

175. La Vierge, l'Enfant Jésus, Saint Jean-Baptiste.

176. ARNAUD d'Allauch. Paysage.

177. Paysage.

178. TANNEUR, Ph. (attribué à) Marine.

179. TENIERS (d'après). Sujet Flamand.

180.   id.   id.

181. Marine.

182. DEMARNE (école de). Sujet villageois.

183. CALLOT (attribué à). Mendiant.

184   id.   Pendant du précédent.

185. Marine, clair de lune.

186. La Décolation d'une Sainte Martyre.

187. La Cène.

188. Le Voyageur altéré.

189. Jésus enfant, entouré de Séraphins.

190. Vénus et Adonis.

191. Diane et Endimion , pendant du précédent , deux belles compositions.

192. Rassemblement d'un corps de cavalerie.

193. Combat de cavalerie, pendant du précédent.

194. Le Christ au tombeau.   2

195. Dupre. Tête d'expression.

196. La Nativité.

197. Les Joueurs de cartes : scène Flamande.

198. Combat du cavalerie.

199.   id.   Pendant du précédent.

200. Batoni, Pompéo (d'après). Sainte Famille.

201. Breughel (école des). Fête villageoise, tableau très curieux.

202. Sainte Anne instruisant la Sainte Vierge.

203. Finshonius (d'après) la Madeleine mourante.

204. Ecole Flamande. Portraits de deux Princes de la maison Nasseau.

205. Lancret (école de). Sujet pastoral.

206. Skalken (d'après). Le Liseur, effet de lumière.

207
208 } Deux Paysages fesant pendants.

209. Rubens (d'après). Paysage, animaux, bergers.

210. Coppel. Marine, Tempête.

211. Paysage.

212. Les Disciples d'Emmaüs, grande composition.

213 Jeune femme avec les attributs de Pomonne.

214. La Magdeleine au tombeau.

215. Raphael (d'après). La Vierge dite la belle Jardinière.

216. Coypel. La vieille Coquette, grisaille (gravé).

217. Fleurs.

218. Hérodiade.

219. Sujet religieux.

220. Jean MIEL (école de). L'abreuvoir.

221. JORDANO, Luca. Rémus et Romulus : belle et grande composition.

222. PANINI (école de). Sujet d'architecture.

223. Portrait d'une dame Flamande.

224. L'incrédulité de Saint Thomas.

225. Paysage.

226. La Vierge et l'Enfant Jésus.

227. La Magdeleine pénitente.

228. RUBENS (école de). La Sainte Famille.

229. VALENTIN (école de). Soldats dans l'intérieur d'un corps de garde.

230. Saint Sébastien.

231. BAROCHE (école de). La Vierge et l'Enfant Jésus.

232. Le Marchand d'orviétan.

233. Jeunes Filles au puits.

234. Portrait de Dame en Pomonne.

236. STEENWYCK. Magnifique architecture, figures attribuées à Wouwermans.

236. MIGNARD (école de). L'Amour.

237. Marine, Tempête avec l'épisode de Jonas.

238. La Vierge et l'Enfant Jésus.

239 }
240 } Buveurs et Fumeurs.

241. JORDAENS, Jacques (d'après). Scène de Pêcheurs.

242. WATTEAU (d'après). Sujet galant.

243. Têtes d'Enfants.

244. LANCRET (école de). Sujet galant.

245. Sujet philosophique.

246. Sainte Famille (miniature).

247. Pigeons au nid.

248. Portrait de l'acteur Lekain.

249. KAREL-DUJARDIN (école de). Villageois dé-
jeunant.

250. Nature morte.

251. Paysage, clair de lune.

252. Paysage.

253. L'Enfant Jésus portant les attributs de sa
passion.

254. REMBRANDT. (d'après) Tête de Femme.

255. Fleurs, Fruits.

256. Quatre Sujets religieux.

257. Jésus-Christ flagellé.

258. Saint Antoine de Padoue et l'Enfant Jésus.

259. Sujet mythologique.

260. La Vierge Marie.

261. Sainte Anne, Saint Joachim et la Vierge,
enfant, très belle composition.

262. CLÉRIAN (d'après). Moine sur un tombeau.

263. L'abbé de Rancé écrivant ses œuvres.

264. Nature morte, oiseaux.

265. RUYSDAEL (école de). Marine.

266. ECOLE FLAMANDE. Portrait d'Homme.

267. Jeune villageoise, fonds de paysage.

268. Fleurs dans un vase.

269. Portrait de jeune fille.

270. Paysage.

271.   id.

272. Paysage très fin sur ardoise.

273. Sujet religieux pour plafond.

274. Sujet tiré de la Jérusalem délivrée, sur fond doré.

275. Pendant du précédent.

276. Paysage avec animaux.

277. Paysage, lac.

278. Effigie du Christ.

279. Campement de bohémiens.

280. Girodet (d'après). Paysage, Diane et Actéon.

281. La Magdeleine, sujet entouré de fleurs, tableau très fin.

282. Un temple.

283. Baptême de Notre-Seigneur Jésus-Christ.

234. Ecole Espagnole. Saint Joseph et l'Enfant Jésus.

285. Guaspre (école du). Paysage.

286. Marc-Antoine offrant des présents à Cléopatre.

287. Sous ce numéro seront vendus tous les tableaux omis.

Meubles anciens, Glaces, Armes, Objets d'arts et de curiosité.

1. Glace style Louis XV, avec couronnement sculpté.

2.　　　　id.　　　　　　id.

3. Cadre de glace ornementée, style Pompadour.

4.　　　　id.　　　　　　　id·

5. Cadré ancien, pour glace, plaqué.

6. Glace, style Rocaille et fleurs, couronné par un amour.

7. BRONZE. Le Satyre et la Nymphe endormie.

8. MÈNE (d'après). Jaguar et Caïman combattant.

9. BRONZE ANCIEN. Encrier fantastique ciselé.

10. BRONZE. Encrier moderne (enfant couché).

11. Vase antique.

12. La Duchesse d'Angoulème (buste).

13. BRONZE. Le baiser, bustes sur un socle, forme colonne.

14. BRONZE. Buste de jeune femme.

15.　　id.　Jeune enfant buvant.

16.　　id.　Jeune fille, pendant du précédent.

17 et 18. BRONZES. Deux figurines allégoriques.

19.　　id.　　Figurine debout.

20 et 21.　id.　　Deux petits Bustes de femmes.

22.　　id.　　Petit Buste de Napoléon 1er.

23.　　id.　　Cul de lampe ciselé.

24. Deux Flambeaux à bobéches argentés.

25. Deux Vases chinois en cuivre ornementé.

26. BRONZE. Grande Médaille avec portrait de Louis XVIII.

27. BRONZE. Deux Girandoles anciennes à deux branches.

28. BRONZE. Deux Girandoles anciennes à deux branches.

29. BRONZE. Lampe ancienne à quatre becs.

30.　　id.　　Deux Girandoles à cinq branches.

31.　　id.　　Cadre ovale curieux, contenant un tableau de la Vierge et l'Enfant Jésus.

32. BRONZE. Vase moderne pour garniture de socle ou poêle.

33. BRONZE. Deux bassins anciens.

34.　　id.　　Hausse-col.

35.　　id.　　Bénitier au repoussé.

36.　　id.　　Encrier turc.

37.　　id.　　Le Jugement de Salomon, composé de dix figurines.

38. IVOIRE. Deux Bouquets de fleurs ciselés d'une grande finesse.

39. IVOIRE. Canne ancienne, ivoire et ébène.

40.　　id.　　Colonne à Spirale, surmontée de deux figurines.

41. Ivoire. Petite Figurine gothique.

42.   id. L'Amour, statuette.

43.   id. Poignée sculptée.

44.   id.   id.

45.   id. Couteau et Fourchette à poignées sculptées.

46. Ivoire. Sujet religieux.

47.   id. La Nativité, figurines ivoire, détails en nacre.

48. Ivoire. Christ, piédestal en fayence.

49.   id.   id. cadre doré, sculpté.

50.   id.   id.   id.

51.   id.   id.   id.

52. Argent. Vierge gothique en vermeil dans un cadre argent au repoussé.

53. Argent. La Nativité, très beau travail au repoussé, cadre bois doré, sculpté.

54. Christ sculpté sur bois.

55.   id.   dans un cadre sculpté, doré et argenté.

56. Figure chinoise, formée d'une racine.

57 et 58. Deux Urnes sculptées, en bois de chêne, d'un travail précieux : fleurs, fruits et ceps entrelacés.

59. Deux Chandeliers formés avec des noix de cocos, sculptés, ciselés et à jour.

60. Un Lot de vases étrusques.

61.   id.

62. Médailles. Cinq lots de médailles anciennes.

63. Marbre. Buste de Napoléon 1er.

64.   id.   Groupe d'enfants tenant des raisins.

65.   id.   Adam et Eve, groupe gothique.

66. Marbre.

67}
68}   id.   Médailles d'empereurs Romains.
69}

70. Statuette chinoise en pierre.

71.   id.   pendant du précédent.

72. Autre Statuette chinoise.

73. Vierge en porcelaine Egyptienne.

74. Biscuit. Groupe, berger et bergère.

75.   id.   Autre.

76. Fayenne. Tableau représentant une Bachanale.

77 Médaillon en plastique (laissez venir à moi les petits enfants.)

78. Médaillon en plastique, réprésentant la Charité.

79. Platre. Buste de Michel-Ange.

80. Plat de fayence monté en bronze.

81. Sucrier en porcelaine de chine, monté en bronze.

82. Porcelaine de Saxe. Berger et bergère.

83.   id.   pendant du précédent.

84 et 85. Deux Chandeliers en cuivre émaillé.

86. Défense de Rhénocéros, gravée, représentant la pêche de la baleine.

87. Six lots de Tabatières anciennes, avec ornements divers, miniatures, etc.

88. Vingt lots de Miniatures diverses.

89. Mozaïque de Florence.

90. Coffret ancien en fer.

91   id.   en fer ciselé·

92. Groupe en terre cuite représentant des jeux d'enfants.

93. Deux Statuettes en bois doré.

94. Saint Michel terrassant le Diable (sculpture sur bois doré.)

95. Vase en cuivre émaillé.

96. Dix lots Porcelaines de Chine, Française, etc.

97. Tapis du 15e siècle (broché or et argent).

98. Carquois à gaine en bronze doré, contenant couteau, poignard et fourchette, ornés de figurines.

99. Sept lots évantails anciens, ivoire, etc.

100. Crachoir chinois en bois.

101. Cinq lots de montres en laiton, ciselées, émaillées, avec double fonds, chaines, breloques, etc.

102. Seize Bagues, épingles, broches, pendant d'oreilles, mosaïques, pierres gravées, etc.

103. Petit nécessaire contenant couteau et fourchette.

104. Trois lots d'émaux pour dessous de montres.

105. Noix ciselée montée en argent.

106 Quatre lots de verroteries diverses en chapelets, colliers, etc.

107. Bracelet en argent et ivoire ciselé.

108 Deux Miniatures montées en broches.

109. Quatre lots Boutons en ivoire, émail, nacre, etc.

110. Coffre en laque de Chine.

111.   id. en noyer

112.   id. en marquéterie, bois d'olivier.

113.   id. en noyer à coulisse.

114.   id. en nacre, marqueté.

115. Quatre Vitraux coloriés.

116. Lot de divers ustensiles de chasse, poires à poudre, sacs à plomb, etc.

117. Collier en ambre avec croix et pendant d'oreilles, montés en or (dans un écrin).

118. Croix maçonnique en ébène, corail, ivoire, montée en or.

119. Cartel en bronze.

120. Crocodile en caoutchou.

121. Télescope.

122. Quarante lots d'Armes anciennes et modernes, pistolets, fusil à vent, épées, sabres, couteaux de chasse.

123. Six Couteaux de table anciens, montés en cuivre argenté.

124. Croix avec ciselure sur fer.

125.   id. en matière métallique sur une autre, en bois de noyer.

126. Deux Sculptures, sur bois, représentant le serpent d'airain et Adam et Ève.

127 Vitrine contenant une infinité d'objets de curiosité et autres.

128.   id.

129. Plusieurs lots de tableaux en marqueterie, sur bois.

130. Sabre d'honneur, lame damassée, ornemens en bronze doré.

131. Toilette ancienne marquetée.

132. Boîte à pupitre en acajou massif.

133. Coffret en bois de rose marqueté.

134. Table carrée en noyer, dessus marqueté avec fleurs de lys.

135. Pendant du précédent.

136. Grand Bahut avec sculptures.

137. Armoire ancienne, à deux battants, en marquéterie peinte.

138. Eucoignure ancienne, plaquée, avec dessus de marbre.

139. Commode, ceintrée, marquetée, avec garniture en cuivre doré et dessus de marbre.

140. |id.

141. Table à manger de dix couverts, ancienne, avec abbatans, le tout en acajou massif.

142. Commode à deux tiroirs, style Louis XV, plaquée, avec garniture en cuivre doré et dessus de marbre.

143. Petit meuble ancien avec arabesques, à plusieurs tiroirs et à secret.

144. Buffet en ébène marquetée et dessus de marbre.

145. Table à ministre à quatre faces et dessus marquetés, d'un travail précieux, avec casiers également marquetés, portant huit pieds formés par des figurines sculptées et dorées.

146. Commode ancienne, ceintrée dans tous les sens, marquetée, ornements en cuivre doré, dessus également marqueté et représentant l'adoration des bergers.

147. Meuble ancien, à deux corps, compartiments en ébène, plaqués et ciselés.

148. Table ancienne à pieds tors, avec dessus imitant une mosaïque représentant des cartes à jouer.

149 et 150 Deux Vitrines vides,

151. Table peinte en noir.

152. Lot d'Etoffes anciennes pour robes, portières, etc.

153. Lot de Toiles peintes à la détrempe pour décoration d'une pièce.

154. Cotte de mailles recouvrant un manequin.

155. Pirogue (modèle de) Indienne avec ses agrés.

156. Horloge à tirage.

157. Gourde en cuir, de forme singulière.

158. Quatre plateaux de dessert avec glaces.

159. Divers lots d'Estampes anciennes, encadrées ou en porte-feuille.

160 Lot de Vases antiques provenant de fouilles dans diverses localités.

161 et 162. Encoignures peintes, sujets religieux.

163. Bois de lit à baldaquin en noyer et à colonnes torses.

164. Sous ce numéro seront vendus tous les objets omis.

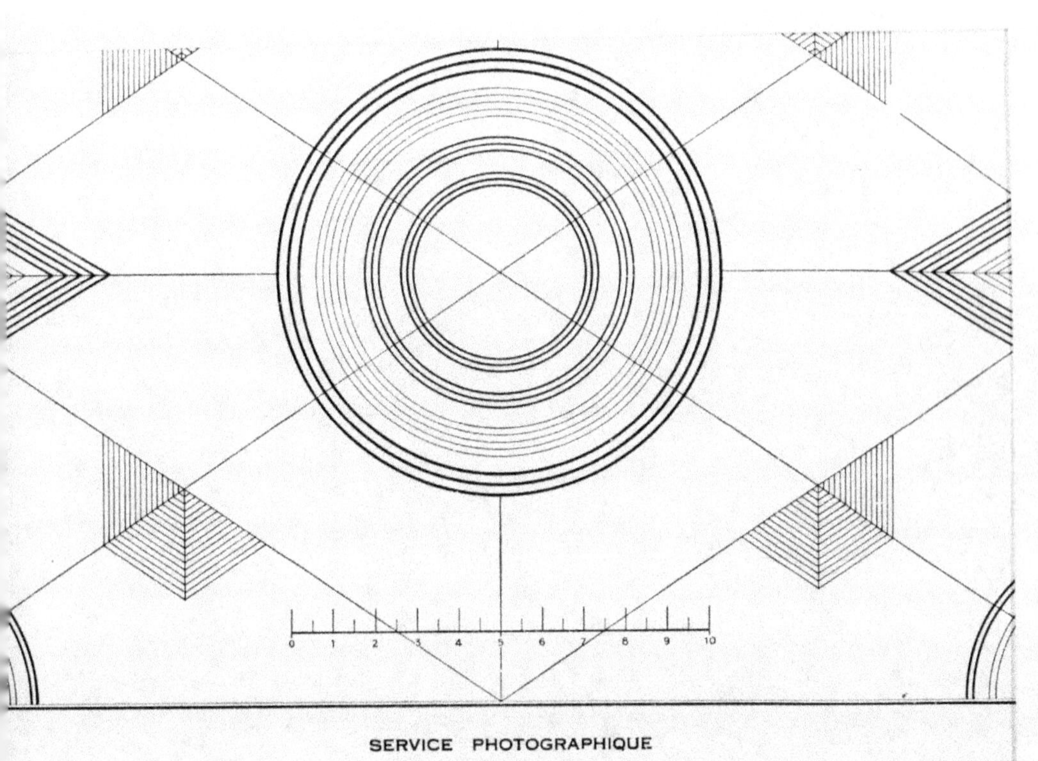

SERVICE PHOTOGRAPHIQUE

www.ingramcontent.com/pod-product-compliance
Lightning Source LLC
LaVergne TN
LVHW020626180726
843502LV00006B/1896